Mijn tweetalige prentenboek
私のバイリンガル絵本

Sefa's mooiste kinderverhalen in één bundel

Ulrich Renz • Barbara Brinkmann:

Slaap lekker, kleine wolf · おおかみくんも ぐっすり おやすみなさい

Voor kinderen vanaf 2 jaar en ouder

Cornelia Haas • Ulrich Renz:

Mijn allermooiste droom · わたしの とびっきり すてきな ゆめ

Voor kinderen vanaf 2 jaar en ouder

Ulrich Renz • Marc Robitzky:

De wilde zwanen · のの はくちょう

Een sprookje naar Hans Christian Andersen

Voor kinderen vanaf 5 jaar en ouder

© 2024 by Sefa Verlag Kirsten Bödeker, Lübeck, Germany. www.sefa-verlag.de

Special thanks to Paul Bödeker, Freiburg, Germany

All rights reserved.

ISBN: 9783756304127

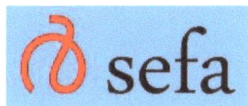

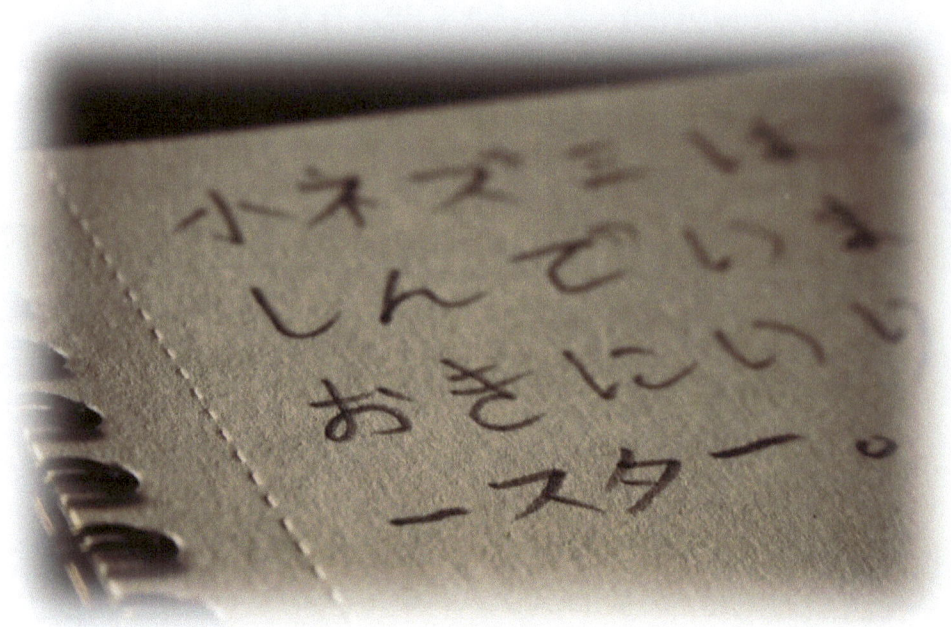

Noot voor studenten van het Japans

In de tekst van het boek worden eenvoudige Kanji gebruikt naast Hiragana en Katakana. Voor beginners zijn deze getranscribeerd met Hiragana-karakters. Voorbeeld: 見(み)

In de bijlage vindt u de volledige tekst van het boek met behulp van de volledige Kanji tekenset, een Latijnse transcriptie (Romaji) en een Hiragana en Katakana tabel.

Veel plezier met de Japanse taal!

Uitgeverij Sefa

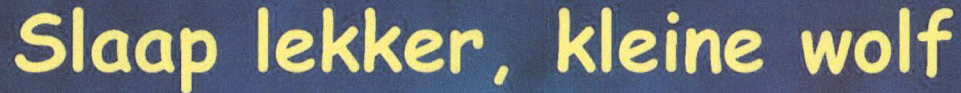

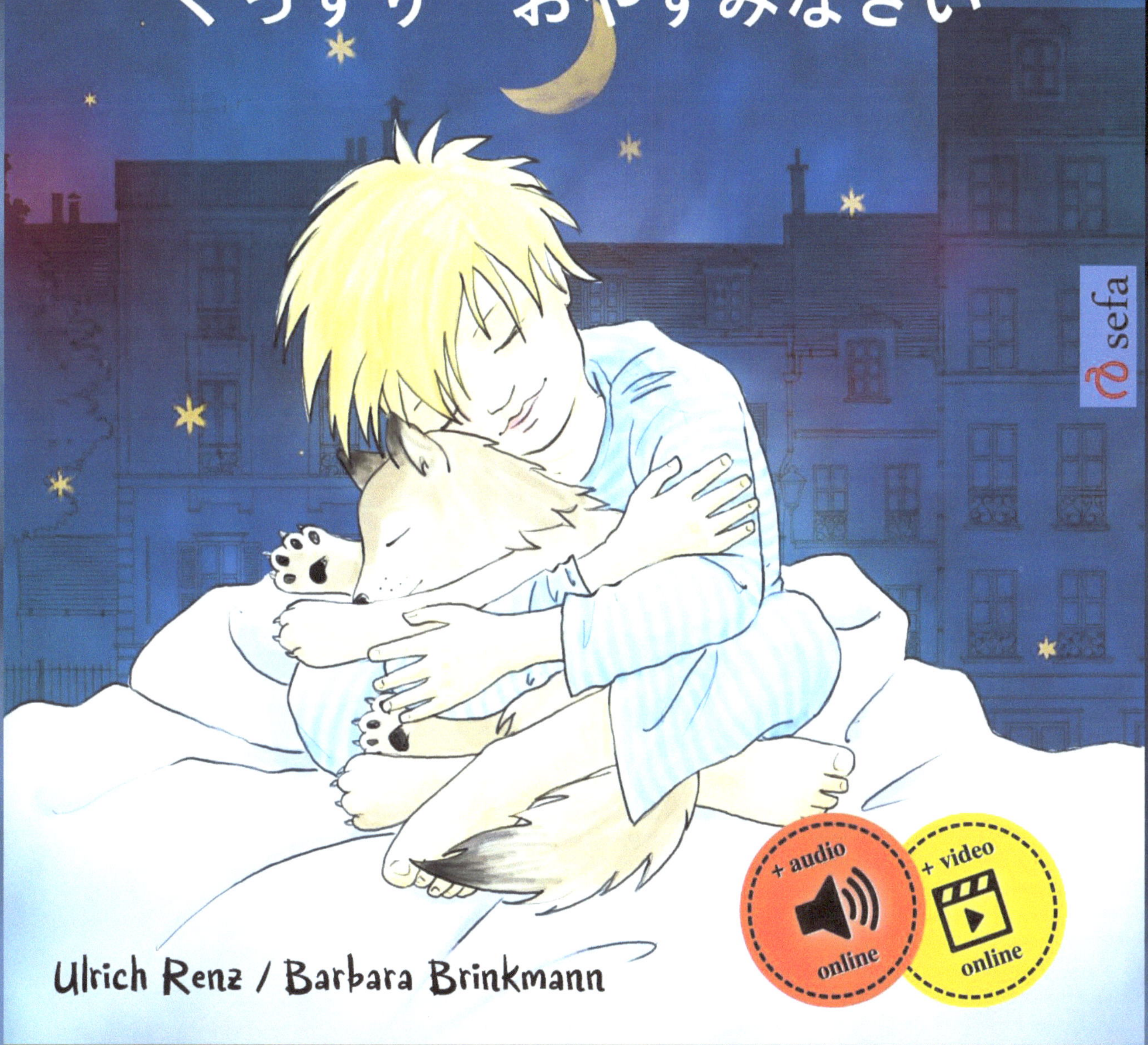

Vertaling:

Jonathan van den Berg (Nederlands)

Mari Freise-Sato (Japans)

Luisterboek en video:

www.sefa-bilingual.com/bonus

Gratis toegang met het wachtwoord:

Nederlands: **LWNL2321**

Japans: **LWJA1910**

Goedenacht, Tim! We zoeken morgen verder.

Voor nu slaap lekker!

ティム、きょうは もうねようね。

またあした、いっしょに さがそうね。　おやすみなさい。

Buiten is het al donker.

そとは もう くらく なりました。

Wat doet Tim daar?

でも ティムは なにを しているのでしょう？

Hij gaat naar de speeltuin.
Wat zoekt hij daar?

ティムは、こうえんに でかけていきます。
なにを さがしに いくのでしょう？

De kleine wolf!
Zonder hem kan hij niet slapen.

さがしていたのは、おおかみくんでした。
ティムは　おおかみくんが　いないと　ねむれません。

Wie komt daar aan?

あれ、こんどは だれが でてきたのでしょう？

Marie! Ze zoekt haar bal.

でてきたのは　マリーです。

マリーも　ボールを　さがしにきたのです。

En wat zoekt Tobi?

こんどは　トビーが　でてきました。

なにを　さがしているのでしょう？

Zijn graafmachine.

さがしていたのは、ショベルカーです。

En wat zoekt Nala?

ナーラも なにかを さがしに やってきました。
なにを さがしているのでしょう?

Haar pop.

それは　おにんぎょうでした。

Moeten de kinderen niet naar bed?
De kat is erg verwonderd.

「みんな　おうちに　かえって、ねなくても　いいのかな。」
ねこさんは　とても　しんぱいに　なりました。

Wie komt er nu aan?

そして　また　やってきたのは。。。

De mama en papa van Tim!
Zonder hun Tim kunnen zij niet slapen.

ティムの ママと パパです。
ママと パパも ティムが いないと ねむれません。

En er komen nog meer! De papa van Marie.
De opa van Tobi. En de mama van Nala.

そして もっと たくさんの ひとが やってきました。
マリーの パパと、トビーの おじいさんと、ナーラの ママです。

Nu snel naar bed!

さあ、はやく かえって いそいで ねよう！

Goedenacht, Tim!

Morgen hoeven we niet meer te zoeken.

おやすみ、ティム。

あしたは　もう　さがさなくても　いいんだよ。

Slaap lekker, kleine wolf!

おおかみくんも　ぐっすり　おやすみなさい。

Here you find *Sleep Tight, Little Wolf* in a Kanji-enriched and a Romaji version.
The Romaji transcription uses a version of the Hepburn System.

おおかみくんのお話を、たくさん漢字を使ったテキストとローマ字の
テキストにしました。ローマ字は、ヘボン式で書きました。

おおかみくんも　ぐっすり　おやすみなさい
狼　　　　くんも　ぐっすり　お休み　なさい
Ôkami　　kun　mo　gussuri　　oyasumi　nasai

ティム、きょうは もうねようね。またあした、いっしょに さがそうね。
ティム、今日　は もう寝ようね。また明日、　一緒　に 探そう ね。
Timu、　kyô　wa mô neyô　ne。Mata ashita、issho　ni　sagasô　ne。

おやすみ なさい。
お休み　なさい。
Oyasumi　nasai。

そとは　もう くらく なりました。
外　は　もう 暗く　なりました。
Soto wa　mô　kuraku narimashita。

でも　ティムは　なにを しているのでしょう？
でも　ティムは　何　を しているのでしょう？
Demo　timu　wa　nani o shite iru　nodeshô？

ティムは、こうえんに　でかけていきます。
ティムは、公園　に　出掛けていきます。
Timu wa、kôen ni dekakete ikimasu。

なにをさがしに　いくのでしょう？
何を　探し　に　行くのでしょう？
Nani o sagashi ni iku nodeshô ?

さがしていたのは、おおかみくんでした。
探して　いたのは、狼　くんでした。
Sagashite ita no wa、ôkami kun deshita。

ティムは　おおかみくんが　いないと　ねむれません。
ティムは　狼　くんが　いないと　眠れません。
Timu wa ôkami kun ga inai to nemuremasen。

あれ、こんどは　だれが　でてきたのでしょう？
あれ、今度　は　誰　が　出て来たのでしょう？
Are、kondo wa dare ga dete kita nodeshô ?

でてきたのは　マリーです。
出て来たのは　マリーです。
Dete kita no wa marî desu。

マリーも　ボールを　さがしにきたのです。
マリーも　ボールを　探し　に来たのです。
Marî mo bôru o sagashi ni kita nodesu。

こんどは　トビーが　でてきました。
今度　は　トビーが　出て来ました。
Kondo wa tobî ga dete kimashita。

なにを　さがして　いるのでしょう？
何　を　探して　いるのでしょう？
Nani o sagashite iru nodeshô ?

さがしていたのは、ショベルカーです。
探して いたのは、ショベルカーです。
Sagashite ita no wa、shoberukâ desu。

ナーラも なにかを さがしに やってきました。
ナーラも 何 かを 探し に 遣ってきました。
Nâra mo nani ka o sagashi ni yatte kimashita。

なにを さがしているのでしょう？
何 を 探して いるのでしょう？
Nani o sagashite iru nodeshô ?

それは おにんぎょうでした。
それは お人形 でした。
Sore wa o ningyô deshita。

「みんな おうちに かえって、ねなくても いいのかな。」
「みんな お家 に 帰って、 寝なくても 良いのかな。」
「Minna o uchi ni kaette、 nenakute mo ii no kana。」

ねこさんは とても しんぱいに なりました。
猫 さんは とても 心配 に なりました。
Neko san wa totemo shinpai ni narimashita。

そして また やってきたのは...
そして 又 遣ってきたのは...
Soshite mata yatte kita no wa...

ティムの ママ とパパです。
ティムの ママ とパパです。
Timu no mama to papa desu。

ママと パパも ティムが いないと ねむれません。
ママと パパも ティムが 居ないと 眠れません。
Mama to papa mo timu ga inai to nemuremasen。

そして もっと たくさんの ひとが やってきました。
そして もっと 沢山 の 人 が 遣ってきました。
Soshite motto takusan no hito ga yatte kimashita。

マリーの パパと、トビーの おじいさんと、ナーラの ママ です。
マリーの パパと、トビーの お爺 さんと、ナーラの ママ です。
Marî no papa to、tobî no ojii san to、nâra no mama desu。

さあ、はやく かえって いそいで ねよう！
さあ、早く 帰って 急いで 寝よう！
Sâ、 hayaku kaette isoide neyô！

おやすみ、ティム。
お休み、 ティム。
Oyasumi、timu。

あしたは もう さがさなくても いいんだよ。
明日 は もう 探さなくて も 良いんだよ。
Ashita wa mô sagasanakute mo iinda yo。

おおかみくんも ぐっすり おやすみなさい。
狼 くんも ぐっすり お休み なさい。
Ôkami kun mo gussuri oyasumi nasai。

Cornelia Haas • Ulrich Renz

Mijn allermooiste droom
わたしの　とびっきり　すてきな　ゆめ

Vertaling:

Gino Morillo Morales (Nederlands)

Yumiko Saito, Koji Suda (Japans)

Luisterboek en video:

www.sefa-bilingual.com/bonus

Gratis toegang met het wachtwoord:

Nederlands: **BDNL2321**

Japans: **BDJA1910**

Mijn allermooiste droom

わたしの　とびっきり
すてきな　ゆめ

Cornelia Haas · Ulrich Renz

Nederlands　　tweetalig　　Japans

Lulu kan niet slapen. Alle anderen zijn al aan het dromen – de haai, de olifant, de kleine muis, de draak, de kangoeroe, de ridder, de aap, de piloot. En het leeuwenwelpje. Zelfs de beer heeft moeite om zijn ogen open te houden …

Hé beer, neem je me mee in je dromen?

ルルは　ねむれません。
ほかの　ぬいぐるみたちは　もう
夢(ゆめ)を　見(み)ています——
サメや　ぞう、小(こ)ネズミ、
ドラゴン、カンガルー、
騎士(きし)、さる、パイロット。
それに、赤(あか)ちゃんライオン。
くまの　目(め)も　もう
とじかかっています。

くまさん、夢(ゆめ)の　中(なか)へ
つれてってくれるの？

En zo bevindt Lulu zich in berendromenland. De beer is vissen aan het vangen in Meer Tagayumi. En Lulu vraagt zich af: wie woont daarboven in de bomen?

Wanneer de droom voorbij is, wil Lulu nog meer beleven. Kom mee, laten we de haai bezoeken! Wat zou hij nu dromen?

すると もう ルルは、くまの 夢(ゆめ)の 国(くに)の 中(なか)。
くまは タガユミ湖(こ)で 魚(さかな)を つっています。ルルは びっくり、
あの 木(き)の 上(うえ)に だれが すんでいるのだろう？夢(ゆめ)が おわる
と、ルルは もっと 見(み)たくなりました。
いっしょに おいでよ、サメのところへ いこう！どんな 夢(ゆめ)を
見(み)ているのかなあ？

De haai speelt tikkertje met de vissen. Eindelijk heeft ook hij vrienden! Niemand is bang voor zijn scherpe tanden.

Wanneer de droom voorbij is, wil Lulu nog meer beleven. Kom mee, laten we de olifant bezoeken! Wat zou hij nu dromen?

サメは　魚(さかな)たちと　鬼(おに)ごっこをしています。やっと　友(とも)だちが
できたのです！だれも　サメの　とがった　歯(は)を　こわがりません。
夢(ゆめ)が　おわると、ルルは　もっと　見(み)たくなりました。
いっしょに　おいでよ、ぞうのところへ　いこう！どんな　夢(ゆめ)を
見(み)ているのかなあ？

De olifant is zo licht als een veertje en kan vliegen! Hij staat op het punt om te landen in de hemelse weide.
Wanneer de droom voorbij is, wil Lulu nog meer beleven. Kom mee, laten we de kleine muis bezoeken! Wat zou zij nu dromen?

ぞうは 羽毛(うもう)のように かるくなって、飛(と)ぶことができます！
ちょうど 空(そら)の 草(そう)げんに おり立(た)つところです。
夢(ゆめ)が おわると、ルルは もっと 見(み)たくなりました。
いっしょに おいでよ、小(こ)ネズミのところへ いこう！ どんな 夢(ゆめ)を 見(み)ているのかなあ？

De kleine muis is naar de kermis aan het kijken. De achtbaan vindt ze het leukste.
Wanneer de droom voorbij is, wil Lulu nog meer beleven. Kom mee, laten we de draak bezoeken! Wat zou hij nu dromen?

小(こ)ネズミは えん日(にち)を たのしんでいます。
一(いち)ばんの おきにいりは ジェットコースター。
夢(ゆめ)が おわると、ルルは もっと 見(み)たくなりました。
いっしょに おいでよ、ドラゴンのところへ いこう! どんな 夢(ゆめ)を
見(み)ているのかなあ?

De draak heeft dorst van al het vuurspugen. Hij zou graag het hele limonademeer leegdrinken.
Wanneer de droom voorbij is, wil Lulu nog meer beleven. Kom mee, laten we de kangoeroe bezoeken! Wat zou zij nu dromen?

ドラゴンは　火(ひ)を　たくさん　ふいたので、　のどが　かわいています。
レモネードの　湖(みずうみ)を　ぜんぶ　のみほせたら　さいこうだな。
夢(ゆめ)が　おわると、ルルは　もっと　見(み)たくなりました。
いっしょに　おいでよ、カンガルーのところへ　いこう！　どんな　夢(ゆめ)を
見(み)ているのかなあ？

De kangoeroe springt door de snoepfabriek en vult haar buidel. Nog meer gummibeertjes! En drop! En chocolade!
Wanneer de droom voorbij is, wil Lulu nog meer beleven. Kom mee, laten we de ridder bezoeken! Wat zou hij nu dromen?

カンガルーは あまい おかしの こうじょうを ぴょんぴょん とびまわって、ふくろいっぱいに つめこんでいます。あおい あめ玉(だま)を もっと たくさん！ぺろぺろキャンディーも もっと！それに チョコレートも！
夢(ゆめ)が おわると、ルルは もっと 見(み)たくなりました。
いっしょに おいでよ、騎士(きし)の ところへ いこう！どんな 夢(ゆめ)を 見(み)ているのかなあ？

De ridder is bezig met een taartgevecht met de prinses van zijn dromen.
Oeps! De slagroomtaart gaat ernaast!
Wanneer de droom voorbij is, wil Lulu nog meer beleven. Kom mee, laten we de aap bezoeken! Wat zou hij nu dromen?

騎士(きし)は あこがれの 夢(ゆめ)の 王女(おうじょ)さまと トルテ投(な)げ遊(あそ)びをしています。おっと！ クリームトルテは あたりませんでした！
夢(ゆめ)が おわると、ルルは もっと 見(み)たくなりました。
いっしょに おいでよ、さるのところへ いこう！ どんな 夢(ゆめ)を 見(み)ているのかなあ？

Eindelijk is er sneeuw gevallen in Apenland. De hele groep apen is door het dolle heen. Het is een echte apenkooi.
Wanneer de droom voorbij is, wil Lulu nog meer beleven. Kom mee, laten we de piloot bezoeken! Wat zou hij nu dromen?

ついに さるの 国(くに)に 一(いち)どだけ 雪(ゆき)が ふりました！
さるたちは われを わすれて 大(おお)さわぎ。
夢(ゆめ)が おわると、ルルは もっと 見(み)たくなりました。
いっしょに おいでよ、パイロットのところへ いこう！どんな 夢(ゆめ)に
ちゃくりくしたのかなあ？

De piloot vliegt verder en verder. Naar het einde van de wereld en nog verder, helemaal tot aan de sterren. Geen andere piloot heeft dat ooit gedaan. Wanneer de droom voorbij is, is iedereen al heel moe en willen ze niet meer zo veel beleven. Maar toch willen ze het leeuwenwelpje nog bezoeken. Wat zou zij nu dromen?

パイロットは　どんどん　飛(と)んでいきます。せかいの　はてまで、さらに
もっと　とおく星(ほし)ぼしのところまで。そんなことを　やりとげた
パイロットは　ほかにいません。
夢(ゆめ)が　おわると、みんな　もう　くたくたで、もう　そんなに　たくさん
見(み)たくありません。それでも　赤(あか)ちゃんライオンのところへは
いきたいな。どんな　夢(ゆめ)を　見(み)ているのかなあ？

Het leeuwenwelpje heeft heimwee en wil terug naar haar warme, knusse bed.
Dat willen de anderen ook.

En daar begint ...

赤(あか)ちゃんライオンは　ホームシックにかかって、あたたかい
ふわふわの　ベッドに　もどりたがっています。それに　ほかの　みんなも。

そして　これから　はじまるのは……

... Lulu's allermooiste droom.

……ルルの
とびっきり　すてきな　夢(ゆめ)。

Here is Lulu's story in a Kanji-enriched and a Romaji version.
The Romaji transcription uses a version of the Hepburn System.

ルルのお話を、たくさん漢字を使ったテキストとローマ字のテキストにしました。
ローマ字は、ヘボン式で書きました。

わたしの　とびっきり　すてきな　ゆめ
私　　の　とびっきり　素敵な　　夢
Watashi no　　tobikkiri　　sutekina　　yume

ルルは　ねむれません。ほかの　みんなは　もう　ゆめを　みています。
ルルは　眠れません。　他の　みんなは　もう　夢　を　見ています。
Ruru wa　nemuremasen。　Hoka no　minna wa　mô　yume o　mite imasu。

サメや　ぞう、こネズミ、ドラゴン、カンガルー、きし、さる、パイロット。
鮫や　象、　小鼠、　ドラゴン、カンガルー、騎士、猿、　パイロット。
Same ya　zô、　konezumi、　doragon、　kangarû、　kishi、　saru、　pairotto。

それに、あかちゃんライオン。くま のめも、もう とじ かかっています。
それに、赤ちゃん　ライオン。熊　の目も、もう　閉じ　かかっています。
Soreni、　akachan　raion。　Kuma no me mo、mô　toji　kakatte　imasu。

くまさん、ゆめの なか へ つれてって くれるの？
熊　さん、夢　の中　へ　連れてって　くれるの？
Kuma san、　yume no naka e tsuretette　kureru no？

すると　もう　ルルは、くまの　ゆめのくにのなか。
すると　もう　ルルは、熊　の　夢　の国　の中。
Suruto　mô　ruru wa、kuma no　yume no kuni no naka。

くまは　タガユミこで　さかなを　つっています。
熊　は　タガユミ湖で　魚　を　釣っています。
Kuma wa　tagayumi-ko de　sakana o　tsutte　imasu。

ルルは　びっくり、あの　きのうえに　だれが　すんでいるのだろう？
ルルは　びっくり、あの　木の上　に　誰が　住んでいるのだろう？
Ruru wa　bikkuri、　ano　ki no ue　ni　dare ga　sunde　iru　no darô？

ゆめがおわると、ルルは　もっと　みたくなりました。
夢　が終わると、ルルは　もっと　見たくなりました。
Yume ga owaru to、ruru wa　motto　mitaku narimashita。

いっしょに おいでよ、サメの ところへ いこう！
一緒 に おいでよ、鮫 の所 へ 行こう！
Issho ni oide yo、 same no tokoro e ikô！

どんな ゆめを みて いるの かなあ？
どんな 夢 を 見て いるの かなあ？
Donna yume o mite iru no kanâ？

サメは さかな たちと おに ごっこを しています。
鮫 は 魚 たちと 鬼 ごっこを しています。
Same wa sakana tachi to oni gokko o shite imasu。

やっと ともだちが できた のです！
やっと 友達 が 出来た のです！
Yatto tomodachi ga dekita nodesu！

だれも サメの とがった はを こわがりません。
誰 も 鮫 の 尖った 歯を 怖がりません。
Dare mo same no togatta ha o kowagarimasen。

ゆめが おわると、ルルは もっと みたく なりました。
夢 が 終わる と、ルルは もっと 見たく なりました。
Yume ga owaru to、 ruru wa motto mitaku narimashita。

いっしょに おいでよ、ぞうの ところへ いこう！
一緒に おいでよ、象 の所 へ 行こう！
Issho ni oide yo、 zô no tokoro e ikô！

どんな ゆめを みて いるの かなあ？
どんな 夢 を 見て いるの かなあ？
Donna yume o mite iru no kanâ？

ぞうは うもうの ように かるく なって、とぶ ことが できます！
象 は 羽毛 の様 に 軽く なって、 飛ぶ事 が 出来ます！
Zō wa umô no yô ni karukunatte、 tobukoto ga dekimasu！

ちょうど そらの そうげんに おりたつ ところ です。
ちょうど 空 の草原 に 降り立つ 所 です。
Chôdo sora no sôgen ni oritatsu tokoro desu。

ゆめが おわると、ルルは もっと みたくなりました。
夢 が 終わると、ルルは もっと 見たく なりました。
Yume ga owaru to、ruru wa motto mitaku narimashita。

いっしょに おいでよ、コネズミの ところへ いこう！
一緒 に おいでよ、小鼠 の 所 へ 行こう！
Issho ni oide yo、konezumi no tokoro e ikô！

どんな ゆめを みて いるの かなあ？
どんな 夢 を 見て いるの かなあ？
Donna yume o mite iru no kanâ？

コネズミは えんにちを たのしんで います。
小鼠 は 縁日 を 楽しんで います。
Konezumi wa en-nichi o tanoshinde imasu。

いちばんの おきにいりは ジェットコースター。
一番 の お気に入り は ジェットコースター。
Ichiban no okiniiri wa jettokôsutâ。

ゆめが おわると、ルルは もっと みたくなりました。
夢 が 終わると、ルルは もっと 見たく なりました。
Yume ga owaru to、ruru wa motto mitaku narimashita。

いっしょに おいでよ、ドラゴンの ところへ いこう！
一緒 に おいでよ、ドラゴンの 所 へ 行こう！
Issho ni oide yo、doragon no tokoro e ikô！

どんな ゆめを みて いるの かなあ？
どんな 夢 を 見て いるの かなあ？
Donna yume o mite iru no kanâ？

ドラゴンは ひを たくさん ふいたので、のどが かわいて います。
ドラゴンは 火を 沢山 吹いたので、 喉 が 乾いて います。
Doragon wa hi o takusan fuita node、nodo ga kawaite imasu。

レモネードの みずうみを ぜんぶ のみほせたら さいこうだ な。
レモネードの 湖 を 全部 飲み干せたら 最高だ な。
Remonêdo no mizu-umi o zenbu nomihosetara saikôda na。

ゆめが おわると、ルルは もっと みたくなりました。
夢 が 終わると、ルルは もっと 見たく なりました。
Yume ga owaru to、ruru wa motto mitaku narimashita。

いっしょに　おいでよ、カンガルーの ところへ　いこう！
一緒　に　おいでよ、カンガルーの 所　へ　行こう！
Issho　ni　oide yo、kangarû　no tokoro e　ikô！

どんな　ゆめを　みているのかなあ？
どんな　夢　を　見ているのかなあ？
Donna　yume o　mite iru　no kanâ？

カンガルーは　あまい　おかしの　こうじょうを　ぴょんぴょん
カンガルーは　甘い　お菓子の　工場　を　ぴょんぴょん
Kangarû　wa　amai　okashi no　kôjô　o　pyonpyon

とびまわって、ふくろ いっぱいに　つめこんで います。
飛び回って、　袋　一杯　に　詰め込んで います。
tobimawatte、　fukuro ippai　ni　tsumekonde imasu。

あおい　あめだまを　もっと　たくさん！
青い　飴　玉　を　もっと　沢山！
Aoi　ame dama o　motto　takusan！

ぺろぺろ キャンディーも　もっと！
ぺろぺろ キャンディーも　もっと！
Peropero　kyandî　mo　motto！

それに　チョコレートも！
それに　チョコレートも！
Sore ni　chokorêto　mo！

ゆめが おわる と、ルルは　もっと　みたく なりました。
夢　が 終わる と、ルルは　もっと　見たく なりました。
Yume ga owaru　to、ruru wa　motto　mitaku narimashita。

いっしょに　おいでよ、きしの ところへ　いこう！
一緒に　おいでよ、　騎士の 所　へ　行こう！
Issho ni　oide yo、　kishi no tokoro e　ikô！

どんな　ゆめを　みているのかなあ？
どんな　夢　を　見ているのかなあ？
Donna　yume o　mite iru　no kanâ？

きしは あこがれ の ゆめ の おうじょ さま と
騎士は 憧れ の夢 の 王女 様 と
Kishi wa akogare no yume no ôjo sama to

トルテ なげ あそび を しています。
トルテ 投げ 遊び を しています。
torute nage asobi o shite imasu。

おっと！クリームトルテは あたりません でした！
おっと！クリームトルテは 当たりません でした！
Otto！ Kurîmutorute wa atarimasen deshita！

ゆめ が おわる と、ルル は もっと みたく なりました。
夢 が 終わる と、ルル は もっと 見たく なりました。
Yume ga owaru to、ruru wa motto mitaku narimashita。

いっしょに おいでよ、さる の ところ へ いこう！
一緒に おいでよ、猿 の 所 へ 行こう！
Issho ni oide yo、 saru no tokoro e ikô！

どんな ゆめ を みて いる の かなあ？
どんな 夢 を 見て いる の かなあ？
Donna yume o mite iru no kanâ？

ついに さる の くに に いちどだけ ゆき が ふりました！
遂に 猿 の 国 に 一度だけ 雪 が 降りました！
Tsuini saru no kuni ni ichidodake yuki ga furimashita！

さるたち は われ を わすれて おおさわぎ。
猿 達 は 我 を 忘れて 大騒ぎ。
Saru tachi wa ware o wasurete ôsawagi。

ゆめ が おわる と、ルル は もっと みたく なりました。
夢 が 終わる と、ルル は もっと 見たく なりました。
Yume ga owaru to、ruru wa motto mitaku narimashita。

いっしょに おいでよ、パイロット の ところへ いこう！
一緒 に おいでよ、パイロット の 所 へ 行こう！
Issho ni oide yo、pairotto no tokoro e ikô！

どんな ゆめ に ちゃくりく した の かなあ？
どんな 夢 に 着陸 した の かなあ？
Donna yume ni chakuriku shita no kanâ？

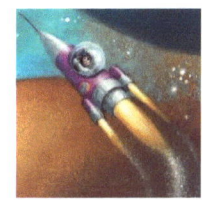

パイロットは　どんどん　とんで　いきます。
パイロットは　どんどん　飛んで　行きます。
Pairotto　　wa　dondon　　tonde　　ikimasu。

せかいの　はてまで、さらに　もっと　とおくのほしぼしのところまで。
世界　の　果てまで、更　に　もっと　遠く　の星々　の　所　まで。
Sekai　no　hate made、sara ni　motto　tôku　no hoshiboshi no tokoro　made。

そんな　ことを　やりとげた　パイロットは　ほかに　いません。
そんな　事　を　やり遂げた　パイロットは　他　に　いません。
Sonna　koto o　yaritogeta　pairotto　wa　hoka ni　imasen。

ゆめが おわると、ルルは　もっと　みたく　なりました。
夢　が 終わると、ルルは　もっと　見たく　なりました。
Yume ga owaru　to、ruru wa　motto　mitaku　narimashita。

もう　そんなに　たくさん　みたく　ありません。
もう　そんなに　沢山　　　見たく　ありません。
Mô　　sonnani　takusan　　mitaku　　arimasen。

それでも　あかちゃんライオンのところへは　いきたい　な。
それでも　赤ちゃん　ライオンの所　へは　行きたい　な。
Soredemo　akachan　　raion　　no tokoro e wa　ikitai　　na。

どんな　ゆめを　みているのかなあ？
どんな　夢　を　見ているのかなあ？
Donna　　yume o　mite iru　no kanâ？

あかちゃんライオンは　ホームシックに　かかって、あたたかい　ふわふわの
赤ちゃん　ライオンは　ホームシックに　罹って、　暖かい　　　ふわふわの
Akachan　　raion　wa　hômushikku　ni　kakatte、　atatakai　　fuwafuwa no

ベッドに　もどりたがって　います。それに　ほかの　みんなも。
ベッドに　戻りたがって　　います。それに　他　の　みんなも。
beddo　ni　modoritagatte　　imasu。 Soreni　hoka no　minna　mo。

そして　これから　はじまる　のは……
そして　これから　始まる　　のは……
Soshite　korekara　hajimaru　no wa……

……ルルの　とびっきり　すてきな　ゆめ。
……ルルの　とびっきり　素敵な　　夢。
……ruru no　tobikkiri　sutekina　　yume。

Ulrich Renz • Marc Robitzky

De wilde zwanen
ののはくちょう

Vertaling:

Christa Kleimaker (Nederlands)

Yumiko Saito, Koji Suda (Japans)

Luisterboek en video:

www.sefa-bilingual.com/bonus

Gratis toegang met het wachtwoord:

Nederlands: **WSNL2121**

Japans: **WSJA1910**

Ulrich Renz · Marc Robitzky

De wilde zwanen

のの はくちょう

Een sprookje naar

Hans Christian Andersen

+ audio   + video

Nederlands — tweetalig — Japans

Er waren eens twaalf koningskinderen – elf broers en een grote zus, Elisa. Ze leefden gelukkig in een prachtig kasteel.

むかしむかし、十二人(じゅうににん)の 王(おう)さまの こどもたちが ありました。十一人(じゅういちにん)の おとこの きょうだいと あねの エリザです。すばらしく うつくしい お城(しろ)に しあわせに くらしていました。

Op een dag stierf hun moeder en een poosje later trouwde de koning opnieuw. Maar de nieuwe vrouw was een boze heks. Ze toverde de elf prinsjes om in zwanen en stuurde ze naar een vreemd land heel ver weg, aan de andere kant van het grote bos.

ある日(ひ)、おかあさまが なくなってしまいました。しばらく
すると、王(おう)さまは あたらしい おきさきを むかえました。
ところが、そのおきさきは わるい 魔女(まじょ)でした。
十一人(じゅういちにん)の 王子(おうじ)を 魔法(まほう)で
はくちょうに かえて、大(おお)きな 森(もり)の むこうの
とおい 国(くに)へ おいはらってしまいました。

Ze kleedde het meisje in vodden en smeerde haar een zalfje op het gezicht dat haar zo lelijk maakte dat zelfs haar eigen vader haar niet meer herkende en haar uit het kasteel verjaagde. Elisa rende het donkere bos in.

おきさきは むすめに ぼろを きせ、みにくい ぬりぐすりを 顔(かお)に すりこみました。すると、じつの おとうさまでさえ むすめが わからなくなって お城(しろ)から おいだしてしまいました。
エリザは くらい 森(もり)の 中(なか)へ かけこみました。

Nu was ze helemaal alleen, en verlangde in het diepst van haar ziel naar haar verdwenen broers. Toen de avond viel maakte ze onder de bomen een bed van mos.

エリザは 今(いま)、ひとりぼっちになって、いなくなった きょうだいたちを 心(こころ)から 恋(こい)しがりました。晩(ばん)に なると、木(き)の 下(した)に 苔(こけ)の ベッドを こしらえました。

De volgende ochtend kwam ze bij een stille vijver en schrok ze toen ze daarin haar eigen spiegelbeeld zag. Maar nadat ze zich had gewassen, was ze het mooiste koningskind onder de zon.

つぎの朝(あさ)、エリザは ひっそりとした みずうみに やってきました。そして 水面(すいめん)に うつった 顔(かお)を みて びっくりしました。けれども 水(みず)で あらうと、エリザより うつくしい 王(おう)さま の こどもは、このよに ふたりとは ありませんでした。

Na vele dagen bereikte Elisa de grote zee. Op de golven schommelden elf zwanenveren.

いく日(にち)も いく日(にち)も かかって、エリザは 大(おお)きな 海(うみ)に たどりつきました。
なみに 十一(じゅういち)まいの はくちょうの はねが ゆられていました。

Toen de zon onderging, ruisde er iets in de lucht en elf wilde zwanen landden op het water. Onmiddellijk herkende Elisa haar elf betoverde broers. Maar omdat ze de zwanentaal spraken, kon zij hen niet verstaan.

お日(ひ)さまが しずむと、空中(くうちゅう)で ばさっばさっと
音(おと)がして、十一羽(じゅういちわ)の 野(の)の はくちょうが
水面(すいめん)に まいおりました。エリザは すぐに
魔法(まほう)を かけられた きょうだいたちだと きづきました。
けれども、はくちょうの ことばが はなせなかったので、
きょうだいたちの いうことは わかりませんでした。

Overdag vlogen de zwanen weg, maar 's nachts vlijden de broers en zus zich in een grot tegen elkaar aan.

In een nacht had Elisa een vreemde droom: Haar moeder vertelde haar hoe ze haar broers kon bevrijden. Ze moest voor iedere zwaan een hemdje van brandnetels breien en het dan over hem heen werpen. Tot die tijd mocht ze geen woord spreken, want anders zouden de broers sterven.
Elisa ging gelijk aan het werk. Hoewel haar handen brandden als vuur, breide ze onvermoeid door.

昼(ひる)のあいだ、はくちょうは どこかへ とんでいきました。
夜(よる)になると エリザと きょうだいたちは、ほら穴(あな)の 中(なか)で 身(み)を よせあって あたたまりました。

ある夜(よ)、エリザは ふしぎな ゆめを みました。おかあさまが きょうだいたちを すくう ほうほうを おしえてくれたのです。
「イラクサで 一羽一羽(いちわいちわ)に シャツを 編(あ)んで はくちょうに なげかけなさい。ただし、そのときまでは だれとも 口(くち)を きいては いけませんよ。さもないと、きょうだいたちは しんでしまうでしょう。」
エリザは すぐにしごとに とりかかりました。手(て)が イラクサの とても 小(ちい)さな トゲから でる えきで 焼(や)けつくように いたみましたが、がまんして 編(あ)みつづけました。

Op een dag klonken er in de verte jachthoorns. Een prins met zijn gevolg kwam aangereden en stond al snel voor haar. Toen ze elkaar in de ogen keken, werden ze verliefd.

ある日(ひ) とおくで、かりの つのぶえが なりひびきました。王子(おうじ)が おともの けらいと、馬(うま)に のって ちかづいてきたかと おもうと、もう エリザの まえに たっていました。
二人(ふたり)は おたがいの 目(め)が あった しゅんかん すきになりました。

De prins tilde Elisa op zijn paard en reed met haar naar zijn kasteel.

王子(おうじ)は エリザを じぶんの 馬(うま)に のせて、お城(しろ)に つれてかえりました。

De machtige schatbewaarder was over de aankomst van het stomme meisje helemaal niet blij. Zijn eigen dochter zou de bruid van de prins moeten worden.

いつも いばっている たからものがかりは、口(くち)の きけない うつくしい人(ひと)が お城(しろ)に ついたとき、まったく よろこびませんでした。じぶんの むすめが 王子(おうじ)の はなよめに なるべきだと おもっていたのです。

Elisa was haar broers niet vergeten. Iedere avond werkte ze verder aan de hemdjes. Op een nacht sloop ze naar het kerkhof om verse brandnetels te plukken. Daarbij had de schatbewaarder haar in het geheim gade geslagen.

エリザは きょうだいたちのことを わすれてはいませんでした。
まい晩(ばん) シャツを 編(あ)みつづけたのです。
ある夜(よ)、しんせんな イラクサを とりに 墓地(ぼち)へ でかけていきました。そのとき、たからものがかりが こっそり エリザを 見(み)ていました。

Zodra de prins op jacht was, liet de schatbewaarder Elisa in de kerker gooien. Hij beweerde dat zij een heks was die 's nachts andere heksen ontmoette.

王子(おうじ)が かりに でかけると すぐ、たからものがかりは エリザを ろうやに いれてしまいました。
エリザは 魔女(まじょ)で、夜(よる)に ほかの 魔女(まじょ)と あっていると いうのです。

Bij het aanbreken van de dag werd Elisa door de bewakers opgehaald. Ze zou op de markt worden verbrand.

夜(よ)あけに みはりが エリザを むかえに きました。市(いち)の たつ ひろばで 火(ひ)あぶりに されることに なっていました。

Nauwelijks waren ze daar aangekomen toen plotseling elf witte zwanen aangevlogen kwamen. Snel gooide Elisa iedere zwaan een brandnetel-hemdje over. Al gauw stonden al haar broers als mensen voor haar. Alleen de kleinste, wiens hemdje nog niet helemaal klaar was, had nog een vleugel in plaats van een arm.

エリザが ひろばに つくやいなや、どこからともなく
十一羽(じゅういちわ)の まっ白(しろ)な はくちょうが
とんできました。
エリザは すばやく 一羽一羽(いちわいちわ)に イラクサの シャツを
なげかけました。やがて、きょうだいたちは みんな 人間(にんげん)
の すがたに もどって、エリザの まえに たっていました。いちばん
すえの きょうだいだけは シャツが できあがらなかったので、
かたほうの うでが まだ つばさの ままでした。

Het omhelzen en kussen van de broers en zus was nog niet afgelopen toen de prins terugkeerde. Eindelijk kon Elisa hem alles uitleggen. De prins liet de boze schatbewaarder in de kerker gooien. En daarna werd er zeven dagen lang bruiloft gevierd.

En ze leefden nog lang en gelukkig.

エリザたちが まだ、だきあったり キスしたりして
よろこんでいたとき、王子(おうじ)が もどってきました。
エリザは やっと 王子(おうじ)に 今(いま)までのことを のこらず
はなすことができました。
王子(おうじ)は わるい たからものがかりを ろうやに いれました。
それから、七日間(なのかかん)、けっこんしきが とりおこなわれ
ました。

めでたし めでたし。

Hans Christian Andersen

Hans Christian Andersen werd 1805 in de Deense stad Odense geboren en overleed in 1875 te Kopenhagen. Door de sprookjes zoals "De kleine zeemeermin", "De nieuwe kleren van de keizer" of "Het lelijke eendje" werd hij wereldberoemd. Dit sprookje, "De wilde zwanen", werd voor het eerst in 1838 gepubliceerd. Het werd sindsdien in meer dan honderd talen vertaald en in vele versies o.a. ook voor het theater, film en musical bewerkt.

Here is *The Wild Swans* in a Kanji-enriched and a Romaji version.

The Romaji transcription uses a version of the Hepburn System.

ののはくちょうのお話を、たくさん漢字を使ったテキストとローマ字のテキストに

ローマ字は、ヘボン式で**書**きました。

のの はくちょう
野の 白鳥
No no hakuchô

むかしむかし、 じゅうに にん の おうさま の こども たち が ありました。
昔々、 十二 人 の王様 の子 供達 が ありました。
Mukashi mukashi、jûni nin no ôsama no kodomo tachi ga arimashita。

じゅういちにんの おとこの きょうだいと あねの エリザです。
十一 人 の男 の兄弟 と姉 のエリザです。
Jûichi nin no otoko no kyôdai to ane no eriza desu。

すばらしく うつくしい おしろに しあわせに くらしていました。
素晴らしく 美しい お城 に幸せ に暮らしていました。
Subarashiku utsukushii oshiro ni shiawase ni kurashite imashita。

あるひ、おかあさまが なくなってしまいました。
ある日、お母様 が亡くなってしまいました。
Aruhi、 okâsama ga nakunatte shimaimashita。

しばらくすると、おうさまは あたらしい おきさきを むかえました。
暫らく すると、王様 は新しい お后 を迎えました。
Shibaraku suruto、ôsama wa atarashii okisaki o mukaemashita。

ところが、そのおきさきはわるい まじょ でした。
所 が、そのお后 は悪い 魔女 でした。
Tokoro ga、sono okisaki wa warui majo deshita。

じゅういち にんの おうじ をまほうで はくちょうに かえて、
十一 人 の王子 を魔法 で白鳥 に変えて、
Jûichi nin no ôji o mahô de hakuchô ni kaete、

おおきな もりの　　むこうの とおいくに へ おいはらって しまいました。
大きな 森 の　　向こうの 遠い 国 へ 追い払って しまいました。
ôkina　　mori no　mukô no tôi　kuni e oiharatte　shimaimashita。

おきさきは むすめ に ぼろを きせ、みにくい ぬりぐすりを かおに すりこみました。
お后 は娘 にボロを着せ、醜い 塗り薬 を顔 に 擦り込みました。
Okisaki wa　musume ni boro o kise、minikui　nurigusuri o kao ni surikomimashita。

すると、じつの おとうさまで さえ むすめ がわからなく なって おしろ から
すると、実 のお父様で さえ娘 がわからなく なってお城 から
Suruto、jitsu no o tôsamade　sae musume ga wakaranaku natte　oshiro kara

おいだしてしまいました。
追い出してしまいました。
oidashite　shimaimashita。

エリザは くらい もりの なか へ かけこみました。
エリザは 暗い 森 の中 へ 駆け込みました。
Eriza wa　kurai　mori no naka e　kakekomimashita。

エリザは いま、ひとりぼっちに なって、
エリザは 今、 一人ぼっち に なって、
Eriza　wa ima、hitoribocchi　ni natte、

いなくなった きょうだい たちを こころから こいし がりました。
居なくなった兄弟 達 を心から 恋し がりました。
inakunatta　kyôdai　tachi o kokorokara koishi　garimashita。

ばんに なると、きの したに こけの ベッドを こしらえました 。
晩 になると、木の下 に 苔 のベッドをこしらえました。
Ban ni naruto、ki no shita ni koke no beddo o koshiraemashita。

つぎの あさ、エリザは ひっそりとした みずうみに やってきました。
次 の朝、 エリザはひっそりとした 湖 に 遣ってきました。
Tsugi no asa、eriza　wa hissori　to shita mizuumi ni yatte　kimashita。

そしてすいめんに うつったかおを みて びっくりしました。
そして 水面 に 映った 顔 を見てびっくり しました。
Soshite suimen　ni utsutta　kao o mite bikkuri　shimashita。

けれども みず　　で あらうと、エリザより うつくしい おうさまの こども　は、
けれども 水　　　で 洗う　と、エリザより 美しい　　王様　　　の 子供　　は、
Keredomo mizu　　de arau　to、eriza　yori utsukushii ôsama　　no kodomo wa、

このよに ふたりとは　ありませんでした。
この世に 二人　とは　ありませんでした。
konoyo ni futari　to wa arimasen　deshita。

いく にちも　いく にちも　かかって、エリザは おおきな うみに たどりつきました。
幾日　　も 幾日　　も 掛かって、エリザは 大きな　　海　に 辿り　着きました。
Ikunichi　mo ikunichi　mo kakatte、　eriza wa　ôkina　　umi ni tadori tsukimashita。

なみ に じゅういち まいの はくちょうの はね が ゆられて いました。
波　に 十一　　　枚 の 白鳥　　　の 羽　が 揺られて いました。
Nami ni jûichi　　mai no hakuchô　no hane ga yurarete　imashita。

おひさまが しずむ　と、くうちゅうで ば さっばさっと おとが して、
お日様　が 沈む　　と、空中　　　でば さっば さっと 音　が して、
Ohisama ga　shizumu to、kûchû　　de ba sabba　satto　oto ga shite、

じゅういちわ の の の はくちょう が すいめん に まいおりました。
十一　　　羽 の 野の 白鳥　　　が 水面　　に 舞い降りました。
jûichi　　wa no no no hakuchô　　ga suimen　ni maiorimashita。

エリザは すぐに まほう を かけられた きょうだいたちだ と きづきました。
エリザは 直ぐに 魔法　を 掛けられた 兄弟　　　達だ　と 気づきました。
Eriza　wa sugu ni mahô　o　kakerareta　kyôdai　　tachida to kizukimashita。

けれども、はくちょうの ことば が はなせなかったので、きょうだいたちの いうことは
けれども、白鳥　　　の 言葉　が 話せなかった　　ので、兄弟　　　達 の 言う事　は
Keredomo、hakuchô　　no kotoba ga hanasenakatta　　node、kyôdai　　tachi no iu　koto wa

わかりませんでした。
解りません　でした。
wakarimasen　deshita。

ひるの あいだ、はくちょうは どこか へ とんで いきました。
昼 の 間、　　　白鳥　　　は 何処か へ 飛んで 行きました。
Hiru no aida、　hakuchô　　wa dokoka e tonde　ikimashita。

よる になると エリザと きょうだいたちは、ほらあな のなかでみを
夜　 になるとエリザと兄弟　　達 は、洞穴　　の中　で身を
Yoru ni naru to eriza to kyôdai tachi wa、horaana no naka de mi o

よせあって あたたまりました。
寄せ合って 暖まりました。
yoseatte atatamarimashita。

ある よ、エリザはふしぎな ゆめ を みました。
ある夜、エリザは不思議な夢　 を見ました。
Aru yo、eriza wa fushigina yume o mimashita。

おかあさまが きょうだいたち をすくう ほうほうを おしえて くれたのです。
お母様　 が兄弟　　達 を救う 方法　 を教えて くれたのです。
Okâsama ga kyôdai tachi o sukû hôhô o oshiete kureta nodesu。

「イラクサで いちわいちわ に シャツを あんで はくちょうに なげかけなさい。
「刺草　 で一羽 一羽 にシャツを編んで白鳥　 に投げ掛けなさい。
「Irakusa de ichiwa ichiwa ni shatsu o ande hakuchô ni nage kakenasai。

ただし、そのときまで は だれとも くち を きいては いけませんよ。
但し、 その時 までは 誰 ともロ を利いてはいけませんよ。
Tadashi、sono toki made wa dare tomo kuchi o kiite wa ikemasen yo。

さもないと、きょうだいたちは　しんでしまうでしょう。」
さもないと、兄弟　　達 は 死んでしまうでしょう。」
Sa mo nai to、kyôdai tachi wa shinde shimaudeshô。」

エリザはすぐに しごと に とりかかりました。
エリザは 直ぐに 仕事　 に 取り掛かりました。
Eriza wa suguni shigoto ni torikakarimashita。

てがイラクサの とてもちいさな トゲ から でる えきで やけつくように
手が刺草　 のとても小さな　棘 から出る液 で焼け付く様 に
Te ga irakusa no totemo chiisana toge kara deru eki de yaketsuku yô ni

いたみましたが、がまんして あみ　 つづけました。
痛みました が、我慢 して 編み　 続けました。
Itamimashita ga、gaman shite ami tsuzukemashita。

あるひ とおくで、かりの つのぶえ が なりひびきました。
ある日 遠くで、 狩りの 角笛 が 鳴り響きました。
Aruhi tôkude、 kari no tsunobue ga narihibikimashita。

おうじ が おともの けらいと、うま に のって ちかづいてきたか と おもうと、
王子 が お伴 の家来 と、馬 に 乗って 近づいて 来たか と思う と、
Ôji ga otomo no kerai to、uma ni notte chikazuite kita ka to omô to、

もうエリザの まえに たっていました。
もうエリザの 前 に 立っていました。
mô eriza no mae ni tatte imashita。

ふたり は おたがいのめ が あった しゅんかん すき に なりました。
二人 は お互い の目 が 合った 瞬間 好きになりました。
Futari wa otagai no me ga atta shunkan suki ni narimashita。

おうじ は エリザを じぶんの うまに のせて、おしろに つれて かえりました。
王子 はエリザを 自分 の馬 に 乗せて、お城 に 連れて 帰りました。
Ôji wa eriza o jibun no uma ni nosete、oshiro ni tsurete kaerimashita。

いつも いばっている たからもの がかりは、くち の きけない うつくしい ひとが
何時も 威張っている 宝物 係 は、口 の 利けない 美しい 人 が
Itsumo ibatte iru takaramono gakari wa、kuchi no kike nai utsukushii hito ga

おしろに ついたとき、まったく よろこびませんでした。
お城 に 着いた 時、全く 喜びません でした。
oshiro ni tsuita toki、mattaku yorokobimasen deshita。

じぶんの むすめ が おうじ の はなよめに なるべきだと おもって いたのです。
自分 の 娘 が王子 の 花嫁 に 為るべきだと 思って いたのです。
Jibun no musume ga ôji no hanayome ni narubekida to omotte ita nodesu。

エリザは きょうだいたち の こと を わすれては いませんでした。
エリザは 兄弟 達 の事 を 忘れて は いませんでした。
Eriza wa kyôdai tachi no koto o wasurete wa imasen deshita。

まいばん シャツを あみ つづけたのです。
毎晩 シャツを 編み 続けた のです。
Maiban shatsu o ami tsuzuketa nodesu。

ある夜、しんせんな イラクサを とりに ぼちへ でかけて いきました。
ある夜、新鮮　な 刺草　を 採りに 墓地へ 出かけて 行きました。
Aru yo、shinsen na irakusa o tori ni bochi e dekakete ikimashita。

そのとき、たからものがかりが こっそり エリザを みて いました。
その時、　宝物　　係が　こっそり エリザを 見て いました。
Sonotoki、takaramono gakari ga kossori eriza o mite imashita。

おうじが かりに でかけると すぐ、たからもの がかりは エリザを ろうやに いれて
王子　が 狩りに 出かけると 直ぐ、宝物　　係　は エリザを 牢屋　に 入れて
Ôji ga kari ni dekakeru to sugu、takaramono gakari wa eriza o rôya ni irete

しまいました。
しまいました。
shimaimashita。

エリザは まじょで、よるに ほかの まじょと あっている というのです。
エリザは 魔女　で、夜　に 他　の 魔女　と 会って いる と 言う のです。
Eriza wa majo de、yoru ni hoka no majo to atte iru to iu nodesu。

よあけに みはりが エリザを むかえに きました。
夜明けに 見張りが エリザを 迎え　に 来ました。
Yoake ni mihari ga eriza o mukae ni kimashita。

いちの たつ ひろばで ひあぶりに される ことに なって いました。
市　の 立つ 広場　で 火あぶりに される 事　に なって いました。
Ichi no tatsu hiroba de hiaburi ni sareru koto ni natte imashita。

エリザが ひろばに つくやいなや、どこ からとも なく じゅういちわの まっしろな
エリザが 広場　に 着くや 否や、　何処 からとも なく 十一　　羽の 真っ白な
Eriza ga hiroba ni tsuku ya inaya、doko kara tomo naku jûichi wa no masshirona

はくちょうが とんで きました。エリザは すばやく いちわいちわに
白鳥　　が 飛んで 来ました。エリザは 素早く 一羽一羽　　に
hakuchô ga tonde kimashita。Eriza wa subayaku ichiwa ichiwa ni

イラクサの シャツを なげかけました。やがて、きょうだいたちは
刺草の　　シャツを 投げ掛けました。やがて、兄弟　　達　は
irakusa no shatsu o nagekakemashita。Yagate、kyôdai tachi wa

みんな にんげん の すがた に もどって、エリザの まえに たっていました。
みんな 人間 の 姿 に 戻って、 エリザの 前 に 立っていました。
minna ningen no sugata ni modotte、eriza no mae ni tatte imashita。

いちばん すえの きょうだいだけは シャツが できあがらなかったので、
一番 末 の 兄弟 だけは シャツが 出来上がらなかったので、
Ichiban sue no kyôdai dake wa shatsu ga dekiagaranakatta node、

かたほうの うで が まだ つばさ の まま でした。
片方 の 腕 がまだ 翼 のまま でした。
katahô no ude ga mada tsubasa no mama deshita。

エリザたちが まだ、 だきあったり キスしたりして よろこんでいたとき、おうじが
エリザ達 がまだ、抱き合ったり キスしたりして 喜んで いた時、 王子 が
Eriza tachi ga mada、dakiattari kisushitari shite yorokonde ita toki、ôji ga

もどってきました。エリザは やっと おうじに いままでの ことを
戻って 来ました。 エリザは やっと 王子 に 今まで の事 を
modotte kimashita。 Eriza wa yatto ôji ni imamade no koto o

のこらず はなす ことが できました。
残らず 話す ことが 出来ました。
nokorazu hanasu koto ga dekimashita。

おうじ は わるい たからもの がかりを ろうやに いれました。
王子 は 悪い 宝物 係 を 牢屋 に 入れました。
Ôji wa warui takaramono gakari o rôya ni iremashita。

それから、なのかかん、けっこんしき が とりおこなわれました。
それから、七日間、 結婚式 が 執り行わ れました。
Sorekara、nanokakan、kekkonshiki ga toriokonawa remashita。

めでたし めでたし。
愛でたし 愛でたし。
Medetashi medetashi。

ローマ字一覧表　ヘボン式
Rômaji Table (Hepburn System)

ひらがな　Hiragana

あ a	い i	う u	え e	お o			
か ka	き ki	く ku	け ke	こ ko	きゃ kya	きゅ kyu	きょ kyo
さ sa	し shi	す su	せ se	そ so	しゃ sha	しゅ shu	しょ sho
た ta	ち chi	つ tsu	て te	と to	ちゃ cha	ちゅ chu	ちょ cho
な na	に ni	ぬ nu	ね ne	の no	にゃ nya	にゅ nyu	にょ nyo
は ha	ひ hi	ふ fu	へ he	ほ ho	ひゃ hya	ひゅ hyu	ひょ hyo
ま ma	み mi	む mu	め me	も mo	みゃ mya	みゅ myu	みょ myo
や ya		ゆ yu		よ yo			
ら ra	り ri	る ru	れ re	ろ ro	りゃ rya	りゅ ryu	りょ ryo
わ wa				を o			
ん n							

が ga	ぎ gi	ぐ gu	げ ge	ご go	ぎゃ gya	ぎゅ gyu	ぎょ gyo
ざ za	じ ji	ず zu	ぜ ze	ぞ zo	じゃ ja	じゅ ju	じょ jo
だ da	ぢ ji	づ zu	で de	ど do			
ば ba	び bi	ぶ bu	べ be	ぼ bo	びゃ bya	びゅ byu	びょ byo
ぱ pa	ぴ pi	ぷ pu	ぺ pe	ぽ po	ぴゃ pya	ぴゅ pyu	ぴょ pyo

カタカナ Katakana

ア a	イ i	ウ u	エ e	オ o			
カ ka	キ ki	ク ku	ケ ke	コ ko	キャ kya	キュ kyu	キョ kyo
サ sa	シ shi	ス su	セ se	ソ so	シャ sha	シュ shu	ショ sho
タ ta	チ chi	ツ tsu	テ te	ト to	チャ cha	チュ chu	チョ cho
ナ na	ニ ni	ヌ nu	ネ ne	ノ no	ニャ nya	ニュ nyu	ニョ nyo
ハ ha	ヒ hi	フ fu	ヘ he	ホ ho	ヒャ hya	ヒュ hyu	ヒョ hyo
マ ma	ミ mi	ム mu	メ me	モ mo	ミャ mya	ミュ myu	ミョ myo
ヤ ya		ユ yu		ヨ yo			
ラ ra	リ ri	ル ru	レ re	ロ ro	リャ rya	リュ ryu	リョ ryo
ワ wa				ヲ o			
ン n							

ガ ga	ギ gi	グ gu	ゲ ge	ゴ go	ギャ gya	ギュ gyu	ギョ gyo
ザ za	ジ ji	ズ zu	ゼ ze	ゾ zo	ジャ ja	ジュ ju	ジョ jo
ダ da	ヂ ji	ヅ du	デ de	ド do			
バ ba	ビ bi	ブ bu	ベ be	ボ bo	ビャ bya	ビュ byu	ビョ byo
パ pa	ピ pi	プ pu	ペ pe	ポ po	ピャ pya	ピュ pyu	ピョ pyo

Barbara Brinkmann werd geboren in 1969 in München (Duitsland). Ze studeerde architectuur in München en is momenteel werkzaam bij de faculteit Bouwkunde van de Technische Universiteit van München. Ze werkt ook als grafisch ontwerper, illustrator en auteur.

Cornelia Haas werd geboren in 1972 in Ichenhausen bij Augsburg (Duitsland). Ze studeerde design aan de Hogeschool van Münster, waar ze als ontwerpster afstudeerde. Sinds 2001 illustreert ze boeken voor kinderen en jongeren en sinds 2013 doceert ze acryl- en digitale schilderkunst aan de Hogeschool Münster.

Marc Robitzky, geboren in 1973, studeerde aan de technische kunstschool in Hamburg en de Academie voor Beeldende Kunsten in Frankfurt. Hij werkte als zelfstandig illustrator en communicatie designer in Aschaffenburg (Duitsland).

Ulrich Renz werd geboren in 1960 in Stuttgart (Duitsland). Hij studeerde Franse literatuur in Parijs en geneeskunde in Lübeck, waarna hij als directeur van een wetenschappelijke uitgeverij werkte. Vandaag de dag is Renz freelance auteur en schrijft hij naast non-fictie ook boeken voor kinderen en jongeren.

Hou je van tekenen?

Hier vindt je alle illustraties van het verhaal om in te kleuren:

www.sefa-bilingual.com/coloring